Lucie Minola
REPARER LE CHAOS

AF155904

RÉPARER LE

CHAOS

Lucie Minola

REPARER LE CHAOS

1. Fragilité
2. SOS
3. Résilience
4. Les petits plaisirs de la vie

Fragilité

Le début du chaos

Une playlist qui peut accompagner cette partie :

La fille, Louane

Neurasthénie, Klem Schem

La dépression, Impar

Le Loup des Steppes, Lonepsi

Insomnies, Angèle

A la vitesse de mes émotions, Lonepsi

Tempête, Yuston XIII

Elle danse, Yu Gen

Que des cendres, Yuston XIII

L'heure tant attendue

Je suis à terre,

L'énergie m'a été coupée,

Comme une coupure d'électricité,

Je cherche éperdument

La lumière.

J'ai froid,

J'ai besoin de chaleur dans mon
corps,

J'attends mon heure,

L'heure où les mécaniciens du
cœur viendront réparer les failles,

L'heure où je retrouverai l'entrain
dont j'ai besoin pour me relever,

L'heure du mieux.

L'instant où le feu d'artifice
éclatera dans la pupille de mes
yeux,

Les étincelles s'allumeront autour

de moi,

Elles prendront

Leur place.

Dame Courage

Elle était courage,

Elle affrontait les orages,

Ceux qui détruisent tout sur leur passage.

Et pourtant, elle était aux âges de
la jeunesse, de la fête, des
expériences, des rencontres,

Seulement ces dernières années,
elle n'avait pas fait des rencontres
comme les autres,

Psychologues, psychiatres,
infirmiers, aides-soignants,
urgences, cliniques,
antidépresseurs, anxiolytiques,
régulateurs d'humeur, crises
d'angoisse, cauchemars,

ruminations, désespoir,

dépression, trouble borderline,

Voici la liste non - exhaustive de

ses compagnons de vie.

Grâce à eux, elle a appris :

Gérer ses émotions,

Poser ses limites,

Baisser ses exigences,

Revoir ses priorités,

S'écouter.

La vie n'est pas toujours sage,

Mais Dame Courage nous

emmène à l'étage

de la persévérance.

Bataille

Depuis des années,

Je mène la guerre face à mes
démons,

Sur le champ de bataille.

Une bataille,

Face à moi-même,

Face à mes émotions
incontrôlables,

Face à mes traumatismes,

Face à la Vie.

Cette bataille où l'orage gronde,

REPARER LE CHAOS

Où la foudre menace de s'abattre,

Où le sol menace de trembler,

Où les vagues m'ont emmenée
dans les profondeurs de l'océan.

Une bataille contre tous les fronts,

Psychique,

Physique,

Spirituelle.

Une bataille dans l'obscurité,

Qui rend aveugle,

Qui heurte les esprits,

Qui fait parler,

Qui fait fuir.

Je vais vaincre cet ennemi,

Cet agresseur,

Ce monstre.

SOS

Allo, j'ai besoin d'aide

Une playlist qui peut accompagner cette partie :

Combat, Arcadian

Jm'en vais pas, Joyce Jonathan & Ibrahim Maalouf

Aidez-moi, Louane

Family, Ridsa & Wanz

On dirait, Amir

Le sens de la famille, Grand Corps Malade & Leila Bekthi

Un appel à l'aide

Demander de l'aide,

Telle peut être une difficulté.

Confier sa peine,

Ouvrir son cœur,

Mettre des mots sur des maux,

Dur labeur.

Réaliser,

Accepter,

Assumer,

Prendre la main de l'autre,

Être accompagné,

Avancer,

Tenir bon.

Appeler au secours n'est pas signe
de faiblesse, mais s'aider soi-
même à sortir de l'obscurité.

Laisser la place
à la vulnérabilité,

A l'authenticité,

Enlever ce masque,

S'autoriser à être soi.

Prendre soin de soi,

Se donner de l'amour,

Poser ses limites.

Faire de sa santé mentale une priorité.

Résilience

J'ai appris à me relever

Une playlist qui peut accompagner cette partie :

Plus fort, Julien Granel

Jour meilleur, Orelsan

Derrière le brouillard, Louane & Grand Corps Malade,

C'est le moment de briller, Impar

Survivor, 2WEI & Edda Hayes

Prière pour tous les jours, Barbara Pravi

A la folie, Julien Granel

L'escalier de la vie

Après l'obscurité de la nuit

viennent

Les éclaircies du lever du jour,

Il faut du noir et du blanc pour

écrire un film,

Il faut des interrogations pour

découvrir la vie,

Il faut monter tous les escaliers

pour atteindre

Le haut de la tour.

Nous avons besoin de la diversité

de nos émotions pour avancer,

Les épreuves nous forgent,

Le processus a de l'importance,

Il est l'essence de déclics,

L'essence de reconnaissance,

L'essence de renouveau.

La douleur n'est pas éternelle,

Elle nous fait grandir,

Comme des fleurs qui poussent
chaque jour,

Et subissent les intempéries.

Mon cœur bat la chamade

Il avait le don de,

M'apprivoiser,

M'émerveiller

Me donner confiance en moi,

Me décomplexer,

Faire la paix avec mon corps, ma silhouette, mes formes.

Il avait le pouvoir de,

Me faire sortir de ma zone de
confort,

D'ouvrir mon cœur,

D'apaiser mes peines,

De me comprendre,

De partager mes souffrances.

Il était capable de provoquer,

Une amnésie de mes démons
durant quelques instants.

REPARER LE CHAOS

Il était mon premier amour,

Celui qui a su rallumer les étoiles

dans la nuit.

Quelques semaines plus tard,

La Vie a décidé de nous séparer,

Pour vivre chacun de notre côté,

Ne pas dépendre l'un de l'autre.

Il a fallu affronter ce vide

Viscéral,

Abyssal,

Innommable.

Apprendre à

Se suffire,

Retrouver

Des repères,

Prendre une nouvelle route.

Finalement,

S'aimer soi-même avant d'aimer

les autres.

Un funambule

Ascenseur émotionnel tu me tiens,

Anxiété, culpabilité, remise en
question, colère, peur,

Emotions qui laissent un moment
leur place à d'autres,

Energie, espoir, persévérance,
joie, gratitude,

Comment faire face à cette
variation de mélodies si intenses ?

Telle est la question qui me tient.

Lumière et obscurité se
chevauchent sur un fil,

Je suis comme un funambule qui
tente de rester, tant bien que mal,
en équilibre,

Faisant face à plusieurs chutes, qui
mettent son corps, à rude
épreuve,

Mais il se relève, car il n'a pas fini

son chemin,

Chemin de la vie, chemin

d'expériences,

Expériences qui le forgent et

l'entraînent le long de la

traversée.

Telle est la définition

de la vie,

Un arc-en-ciel de couleurs

avec leurs nuances,

Un entraînement quotidien.

Des émotions qui se vivent,

Une force qui nous pousse à avancer,

La magie de

l'humanité.

Exception

Je suis une part d'ombre et une

part de lumière,

Le soleil et la nuit,

Le Yin et le Yang,

Le blanc et le noir.

Je suis moi,

Avec mes forces et mes faiblesses,

Cette union qui fait

Ma singularité,

Qui me construit.

Ils savent

Aujourd'hui, c'est un nouveau
départ,

Larguer les amarres,

Il est temps de mettre la voile,

Se diriger vers de nouveaux
horizons.

Une saison
plus douce,

L'hiver laisse place
au printemps.

Une saison
moins froide,

Moins sombre.

Une saison colorée,

Où les bourgeons des roses

Fleurissent,

Où nos âmes

Grandissent.

Le voyage sera

Encore long,

Eprouvant,

Sinueux,

Mais j'ai trouvé

Des aidants,

Rassurants,

Bienveillants,

Encadrants,

Encourageants,

Ils sont.

Des soignants.

Ils entendent,

Ecoutent,

Comprennent,

Donnent de leur temps.

Ils savent regarder au-delà,

Des préjugés,

Des stéréotypes,

Des jugements.

Ils savent.

Soleil

Oh mon beau Soleil,

J'attends que tu émerveilles mon

cœur,

Veilles sur mes peurs,

Ensoleilles les fleurs.

Tu éclaires l'horizon,

Réchauffes nos maisons,

Participes à nos consolations.

Energie, beauté, étincelle, lueur,

espoir,

Tu es.

Plume d'espoir

Histoire,

Qui a vu le jour en 2018.

Tout a commencé,

D'un élan vital,

De sauver,

D'aider,

D'être utile.

Partager de l'espoir

Et de la solidarité,

À travers l'écoute

Et l'écriture.

Une communauté est née,

Liée autour de maux,

Et de mots.

Ainsi, les missions sont les

suivantes :

Se sentir moins seul,

S'inspirer,

Grandir ensemble,

Tomber,

Se relever,

Fleurir.

Plume d'espoir,

Un investissement,

Des lecteurs,

Des rencontres,

Des projets,

La création d'un podcast,

Des interviews,

De l'ambition,

Le bénéfice des réseaux sociaux,

Tout simplement.

Mon nom de scène,

Mon pseudonyme,

L'espoir,

Mon mantra,

REPARER LE CHAOS

Gravé sur ma peau,

« hope »,

Tatoué et ancré sur ma chair,

Pour me rappeler

Du chemin parcouru,

Et des milliers de

Significations.

Les petits plaisirs de la vie

Gratitude, je te connais

Une playlist qui peut accompagner cette partie :

Le temps est bon, Bon Entendeur & Isabelle Pierre

Y'a d'la joie, Charles Trenet

Les P'tits plaisirs, Clara Plume

Les p'tites jolies choses, Joyce Jonathan

Ode à la vie

A l'odeur du pain tout chaud,

A la chaleur de la cheminée,

Aux levers et aux couchers de

soleil,

Aux nuits étoilées,

A la mélodie de la mer,

Aux oiseaux qui chantent,

A la nature,

Aux voyages,

A la puissance des mots,

A la photographie,

A la musique,

A l'art,

Aux rencontres,

Aux discussions profondes,

Aux enseignements,

Aux émotions,

Aux sens,

Aux rêves,

A la vie,

A l'humanité.

L'océan

Couleur bleu océan,

Telle est la touche que tu as
décidé de déposer
sur ton aquarelle.

L'œuvre de tes pensées,
de ton horizon,
de tes compétences.

L'océan est vaste,

Marque l'immensité des possibles,

La variété des émotions,

Entre les vagues et l'accalmie.

Couleur bleu océan,

Je t'attends,

Mais surtout, je viens à toi,

Grâce à tous

Mes sens,

Qui composent

Mon essence.

Ainsi, mon âme balance,

Danse.

Il nage dans la cadence,

De tes nuances.

A la belle étoile,

J'allume ce feu

Au coin du feu,

J'admire ces flammes,

Etincelles de la vie,

Lueurs d'espoir.

A travers cette lumière,

Je t'invite à prendre

Une grande inspiration

Comme une potion d'évasion.

Dans l'obscurité,

Tu aperçois les étoiles,

Elles t'invitent à la réflexion,

Et à prendre

Une grande expiration.

Elles t'invitent à vivre,

Et non plus à survivre,

A prendre une pause,

Le temps nécessaire

Celui dont tu

As besoin.

N'oublie pas que tu es humain,

C'est ok de craquer,

C'est ok d'avoir besoin de repos,

C'est ok de se sentir perdu,

C'est ok d'avoir besoin d'aide,

C'est ok de ne pas toujours être
productif.

Seulement,

La société et les réseaux sociaux

veulent nous faire croire le

contraire,

A toujours devoir être « la

meilleure version de nous-

mêmes »

A nous culpabiliser en nous faisant

croire qu'une réussite a été facile.

Alors c'est complètement ok et

sain de se déconnecter,

De revenir à soi,

A l'instant présent,

A l'essentiel,

Aux choses simples, aux petits

plaisirs.

La flamme dans les profondeurs de ton âme

Epatante,

Epoustouflante,

Florissante,

Eclatante,

Brûlante,

Inspirante,

Envoûtante,

Telle est la flamme au creux de

ton cœur qui t'anime

Et te tient en vie.

Potion magique

Porte dans ton cœur,

Des merveilles de douceur,

Porte dans ton corps,

De l'énergie,

Porte dans ton esprit,

Tes pensées en synergie,

Porte ton regard,

Sur la beauté de la vie.

Ouvre cette porte qui activera

La potion réalisatrice de tes rêves.

La clé est dans tes mains,

Prends en soin.

Un souffle salvateur

Comme une brise de vent,

Toute douce,

Comme la mélodie des vagues,

Ton souffle t'accompagne,

Chaque instant.

A l'inspiration,

Puis,

A l'expiration,

Il est là

En toi.

Présent,

Dans ton cœur,

Dans tes poumons,

Dans ton corps.

Fluide et frais,

Il t'apporte confort, apaisement et

légèreté.

A l'aube

Au petit matin,

Je me réveille,

Mon corps se met en mouvement,

Tout doucement.

La vie est calme,

A l'aube de la journée,

Mais la Nature, elle, est déjà

réveillée,

Elle me salue et vient aux

nouvelles.

La faune et la flore s'activent,

Les oiseaux chantent,

La mélodie du petit matin.

J'observe,

J'écoute,

Je contemple,

Je cueille l'instant présent.

Les clichés de

la vie

Photographier,

Capturer,

Immortaliser,

Des instants.

Faire parler sa fibre artistique,

Laisser aller son intuition,

Faire confiance à sa créativité,

Ancrer des souvenirs.

Et ainsi,

Se remémorer,

Partager,

Laisser des traces.

Au Loin

Là-bas,

Au loin,

Je visualise mes rêves,

Ils m'attendent,

Ils m'attirent,

Comme des aimants.

Puissants, ils le sont,

REPARER LE CHAOS

Inspirants, ils le sont,

Motivants, ils le sont.

Ils sont à l'origine de mon

marathon.

Là-bas,

Au loin,

Ils sont là.